AF247326

LETTRE

D'UN ANCIEN NÉGOCIANT DE NANTES

SUR LE

SYSTÈME COLONIAL,

ET

RÉFLEXIONS SUR LE MÊME SUJET,

REMISES PAR CE NÉGOCIANT AU MINISTRE DU COMMERCE EN
JANVIER 1825.

NANTES,

FOREST, IMPRIMEUR-LIBRAIRE,
QUAI DE LA FOSSE, N.º 2.

1831.

LETTRE.

Vous me dites que le Gouvernement paraît vouloir apporter quelques changemens au système colonial actuel, et qu'il a demandé des renseignemens aux Chambres de Commerce. Vous m'observez que celle de Nantes recherche de son côté les opinions des négocians avant d'arrêter la sienne, et vous rappelant que j'ai écrit autrefois quelque chose sur la question qui s'agite, vous me demandez si je ne pourrais pas rédiger encore quelques observations. Comme le tems me manque pour faire un travail nouveau, je vous remets ci-joint ce même écrit dont vous avez eu connaissance et que j'ai remis au Ministre du Commerce en Janvier 1825; vous pourrez le communiquer à qui vous voudrez et comme vous voudrez. Ce que je disais alors je le dirais encore aujourd'hui, et avec d'autant plus d'assurance, que les tristes résultats de presque toutes les opérations maritimes depuis quelques années ne prouvent que trop qu'il eût été plus sage de changer de système. S'il s'est expédié quelques navires de plus au Bengale; s'il en est allé un certain nombre dans les mers du sud depuis 1825, tout cela est peu de chose auprès de ce qui se serait fait avec d'autrés lois. Les expéditions du Bengale ont été provoquées par la grande augmentation des droits sur l'indigo (moyen que j'indiquais); mais soumises aux entraves du système colonial, elles ont été presque toutes plus ou moins fausses, car ne pouvant envoyer des navires assez petits pour charger en plein en indigo, en en prenant cent tonn., avec chance de bénéfice, on était obligé de prendre deux ou trois cents tonneaux et plus en denrées sur lesquelles on était presque certain de perdre. Du reste, les opérations avec nos colonies ont continué à être désastreuses; partout encombrement de navires qui ne peuvent aller ailleurs; frets avilis; marchandises françaises pour rien; denrées coloniales à des prix hors de rapport avec ceux de France, et partant presque toujours beaucoup de perte pour le commerce français.

L'exportation du sucre raffiné a été très-limitée, et n'a eu lieu qu'au moyen des énormes sacrifices du Gouvernement, qui s'est chargé de payer les frais de fabrication, les déchets et beaucoup au-delà, de telle manière qu'on a constamment vu la chose la plus bizarre et la plus absurde qu'on puisse imaginer en commerce : le sucre brut se vendait à l'arrivée dans nos ports 45 à 50 cent. en entrepôt, et les étrangers achetaient le sucre raffiné 40 à 45 centimes aussi en entrepôt, c'est-à-dire, après qu'il avait joui de la prime de 60 cent.; et les Ministres ont voulu voir dans ces exportations un signe de prospérité commerciale! Les droits perçus à l'entrée du sucre brut se sont donc trouvés diminués du sacrifice sur le sucre en pain, et, avec une consommation nécessairement réduite par les prix élevés, le Gouvernement n'a eu au total qu'une recette comparativement faible, lorsque en laissant le commerce libre, ce qui aurait bientôt doublé la consommation , et ce qui aurait évité le sacrifice pour le raffinage, il pouvait augmenter sa recette de douane d'une trentaine de millions, presque sans frais, par une contribution volontaire et en procurant aux consommateurs le sucre à 3 ou 4 sous de moins par livre ; car la différence entre le prix dans nos Colonies et dans les Colonies étrangères des mêmes régions a été plus forte que je ne l'indiquais en 1825.

Quand actuellement on considère qu'avec ces 30 millions on aurait pu modifier ou abolir les entraves sur le commerce du vin et du sel, combien les regrets ne doivent-ils pas être plus grands !

Ce qu'il y a encore de douloureux, c'est qu'avec tant de sacrifices on n'a pas même avantagé nos Colonies ; elles sont peut-être moins prospères que les Colonies étrangères ; Bourbon après une seule mauvaise récolte est presque ruiné ; et tout extraordinaires que semblent ces résultats au premier aperçu, ils s'expliquent facilement à la réflexion.

Séduits par des prix élevés, par des faveurs trompeuses, les colons ont voulu faire du sucre à tout prix ; ils ont acheté des terres au-delà de leur valeur ; ils ont mis des cannes partout, même dans des sols peu convenables ; ils ont payé les esclaves à des prix exorbitans ; ils se sont procuré des machines à vapeur très-chères et ce qui, plus que le reste, a contribué à leur ruine. Ils ont beaucoup dépensé et ont emprunté à des taux usuraires, croyant que le prix du sucre laissait assez de marge pour faire face à tout ; et en définitif, il est probable qu'en travaillant ainsi et vendant plus cher, on a moins gagné qu'en travaillant sagement et

vendant au prix naturel. Telle est la conséquence inévi-
table d'encouragemens exagérés; ils créent des industries
forcées qui finissent toujours par succomber; il en est beaucoup en France, qui un peu plutôt ou un peu plus tard,
doivent avoir le même sort.

25 *Avril* 1831.

DU SYSTÈME COLONIAL

EN FRANCE.

PENDANT que beaucoup de personnes admettent à peine quelque commerce en France sans le système colonial actuel, je pense avec beaucoup d'autres qu'il est le plus grand ennemi du commerce français, et je vais tâcher de le prouver. Mais je dois prévenir que d'abord je ne m'occuperai que de l'intérêt de la France et nullement de celui des Colonies ; c'est une seconde question que je traiterai ensuite.

La première chose qui frappe, quand on réfléchit au commerce de France, c'est combien il est peu considérable pour un pays aussi vaste et doué d'autant d'avantages. La seconde observation qui se présente et qui explique en grande partie la première, c'est que tous les points du Globe sont ouverts au commerce français, et que des contrées d'une importance immense voyent à peine son pavillon. En effet, le commerce de France avec le Brésil se borne à quelques navires chaque année. le Bengale, la côte de Malabar, celle de Coromandel en voyent à peine 4 à 5, Java moins encore, la Chine, les Philippines, la Cochinchine n'en voyent pas un par an; Siam n'en a peut-être pas vu un seul depuis la paix. Le continent de la mer du Sud n'en a vu qu'un très-petit nombre; enfin l'Ile de France même, malgré d'anciennes habitudes a peu de relations avec la France. Tout cela est la conséquence naturelle de notre tarif des douanes qui prohibe les denrées principales qu'on pourrait tirer de ces pays, car taxer de manière que l'importation ne soit plus possible, est certainement prohiber. Or, ce tarif est lui-même la conséquence du système colonial; ainsi on peut bien dire que ce système est l'ennemi du commerce français.

Pour supposer que le commerce de nos colonies, au moyen des priviléges dont y jouissent nos navires, puisse équivaloir au commerce libre avec tous les pays, il faut avoir, ou une bien grande idée de la consommation de ces colonies, ou douter beaucoup des ressources de la France pour commercer autrement que par priviléges. Quand aux débouchés qu'on perdrait en abolissant le système colonial, il

est assez facile de les apprécier et d'en démontrer la véritable importance ; et quant à l'industrie française, je ne vois pas pourquoi elle
inspirerait si peu de confiance. Si je faisais
partie du Conseil de commerce, je n'hésiterais
donc pas à conseiller de permettre le commerce
avec tous les pays aux mêmes droits, pourvu
cependant que l'importation eût lieu directe-
tement de l'endroit de la production, prohibant
même toute importation indirecte, et autori-
sant les colonies à vendre à qui elles voudraient
et à importer tout ce dont elles auraient besoin
de tous les pays et par tous les pavillons aux
mêmes droits.

Comme aucun antagoniste de ce projet
n'aura même l'idée que nous puissions man-
quer de sucre et autres denrées coloniales, en
ne nous réservant pas l'achat exclusif dans nos
colonies, ce sont nos importations actuelles
dans ces colonies qu'on fera sonner bien haut ;
il convient donc avant tout d'en examiner
l'importance et de voir quelles compensations
nous aurions.

Je vois tout d'abord que le sucre que nous
importerions des colonies étrangères, revien-
drait à beaucoup moins cher que celui que
nous importons actuellement de nos colonies ;

ce fait est incontestable, car ce n'est que par une énorme différence dans les droits d'entrée, qu'on empêche l'introduction des sucres étrangers. Cette différence de droits était déjà très-grande avant la dernière augmentation, et elle ne suffisait pas. Ainsi, dire que dans les mêmes régions le sucre nous coûterait 10 à 15 fr. de moins par quintal (50 kilog.) n'est pas exagéré ; j'en appelle à tout le commerce. Or, voilà une portion pour laquelle il n'y a pas lieu à chercher d'exportation puisqu'on ne la paye pas du tout, ce qui est assurément plus avantageux encore. On ne peut pas nier non plus, que si nous pouvions importer le sucre de tous les pays à droits égaux, on n'en allât chercher dans des pays très-éloignés, d'où il n'en vient pas aujourd'hui, par exemple : au Bengale, à la Chine, à la Cochinchine, aux Philippines, à Siam, à Java, etc.; l'ensemble de nos importations se ferait donc au moyen d'une plus longue navigation ; le fret représenterait donc une plus forte proportion du coût, et le prix primitif une moindre, puisque (à moins de combinaisons particulières par suite de lois ou réglemens) le négociant qui voit le coût définitif, n'achète, s'il y a plus de fret, qu'autant qu'il retrouve la différence dans l'achat. Une partie du prix seraitdoncpayée en fret, et il faudrait beaucoup plus de navires. Voilà bien une exportation manufacturière, car, qui oserait dire, que la navigation n'est pas une manufacture comme une autre sous le rapport mercantile, et bien autrement importante sous le rapport politique?

Qu'on ne pense pas ensuite que nous perdrions toutes les exportations que nous faisons aujourd'hui pour nos colonies, ni qu'actuellement nous payons en marchandises tout ce que nous recevons d'elles. Aux Antilles, où notre commerce est le plus avantageux, il entre beaucoup d'articles étrangers; les viandes salées, les bois, la morue, les légumes y sont toujours admis de l'étranger; les farines le sont souvent par loi spéciale, et la fraude joue aussi un rôle assez important pour les tissus fins, etc. Tout cela nous ne le fournissons pas, et sans doute que les mélasses ne suffisent pas pour les payer. Il est donc probable que le sucre que nous tirons en paye une partie, aussi voit-on des envois de numéraire, surtout d'or, se faire de France, et il se tire beaucoup de lettres de change. C'est bien pire avec Bourbon qui importe des marchandises de tous les pays, et surtout tire des toiles de cotons et des vivres de l'Inde pour de très-fortes sommes qui ne peuvent se payer qu'avec notre numéraire.

Qui ne sait aussi que grand nombre de propriétaires de nos colonies habitent la France et y dépensent leurs revenus; que beaucoup plus y ont leurs enfans pour leur éducation. C'est sans doute fort avantageux à la France; mais comme cela ne subsisterait pas moins avec un commerce libre (qui ne serait pas un abandon des colonies) il n'y a pas lieu à chercher d'équivalent, pas plus que pour ce qui se paye actuellement en numéraire.

Je passe donc à la portion que nous payons réellement en marchandises, c'est-à-dire, aux exportations qui se font de France pour les colonies sous le régime actuel. Personne ne contestera qu'il est beaucoup d'objets que la France peut fournir à meilleur marché que tout autre pays, et on ne doutera sûrement pas que ces objets ne continueraient à être portés par nous, et on ne pourra pas non plus refuser d'admettre que les habitudes des colons ne les porteraient à préférer en outre beaucoup d'articles français à prix et à avantages égaux; or, comme il faut bien en convenir, ce que nous pouvons fournir à meilleur marché et ce qu'on préférerait en tous cas par habitude, forme actuellement une grande partie de la valeur de nos exportations pour nos colonies (surtout en confondant celles de l'Ouest et celles de l'Est) on sera obligé de reconnaître que les compensations que j'ai trouvées dans l'économie d'achat et dans le surcroît de fret, équivalent au moins à ce que nous perdrions d'exportations.

Voici un calcul qui peut le démontrer.

Je suppose que le sucre que nous achetons dans nos colonies y coûte terme moyen 35 fr. par quintal et que nous en payions 75 p. % en marchandises et le reste en traites ou argent dépensé en France.

Je dis on économiserait, terme moyen, au moins 10 fr. par quintal faisant sur les 35 fr. qu'on paye actuellement............ 28 $\frac{1}{2}$ p. %

Le fret entrerait, terme moyen, dans le coût du sucre pour 60 fr. par tonneau de plus qu'il ne le fait aujourd'hui, faisant par quintal 3 fr. ou sur 35 fr............. 8 $\frac{1}{2}$

En conservant seulement la moitié de nos exportations actuelles pour nos colonies, soit .... 38 *y*

Nous aurions la parité......... 75 p. % et sûrement nous en conserverions une plus forte portion, et sans doute qu'il y aurait beau-

coup plus de 10 fr. de différence dans le prix.
On gagnerait donc au moins, toutes les exportations qu'on acquerrerait ailleurs, plus un immense commerce et des avantages sans nombre.
Il est vrai que j'entends tous les jours dire, que
quoique nous n'envoyions pas un grand
nombre de navires dans les différens pays que
j'ai cités, ils suffisent pour porter tout ce que
ces pays peuvent tirer de nous et au-delà,
puisque souvent les navires ne sont même pas
pleins en allant, et que conséquemment nous
ne leur fournirions rien de plus en changeant
de système.

Le fait des navires souvent non chargés est po-
sitif; mais la conséquence qu'on en tire est très-
fausse. On va quelque fois à lest justement
parce qu'on ne fait pas un commerce suivi et
que la circonstance accidentelle qui a engagé à
aller chercher une denrée, rend par fois important de partir sans délai, et que souvent
aussi, l'affaire étant uniquement basée sur ce
qu'on va chercher, on ne veut pas la compliquer en prenant des marchandises.

C'est ce qui arrive ordinairement quand on va
chercher de l'indigo au Bengale ou du thé à la
Chine. On veut saisir un moment et les retours
étant d'ailleurs d'une immense valeur, ce qu'on

pourrait gagner sur les marchandises à porter, n'est pas assez important en raison de l'opération, pour qu'on veuille la compliquer.

Il en serait tout autrement, si nous faisions avec tous ces pays un commerce habituel, qui emploierait un grand nombre de navires et intéresserait beaucoup de gens. Un chacun alors chercherait à découvrir quelque article convenable et beaucoup qui ne peuvent pas supporter un grand fret, s'enverraient pour utiliser les navires en allant. Il est des objets que plusieurs nations peuvent fournir, et qui dès-lors le sont nécessairement de préférence par celles qui, tirant des denrées du pays, ont occasion d'envoyer leurs navires et ne comptent presque pas de fret d'aller. Prenons des exemples. Le Brésil a besoin chaque année de farine, de sel, de vin. Les Américains et les navires du Nord qui vont chercher du sucre, prennent ces denrées soit chez eux, soit en Espagne ou Portugal, et le fret sur le sucre payant le voyage en grande partie, on en compte peu sur ce qu'on porte, et le prix s'établit en conséquence au Brésil. Comment alors un navire français, qui n'aurait rien à rapporter, et dont par conséquent tout le voyage devrait être payé par la farine, le sel et le vin, pourrait-il soutenir

la concurrence? Aussi quoique la France four-
nisse abondamment ces denrées, elle n'en porte
guère au Brésil. Combien d'autres articles sont
dans le même cas, non seulement pour le Brésil,
mais pour tous les autres pays, et combien
d'objets plus précieux qui pourraient supporter
le fret, ne se portent pas parce que le défaut de
relations suivies empêche qu'on ne les demande,
et surtout prive nos fabricants de l'occasion
d'apprendre à travailler suivant le goût de
chaque pays. Alors d'autres nations fournissent
ce que nous aurions pu livrer. C'est ce qui
arrive à Java, à la Chine, aux Philippines où
nous n'allons presque pas. Lorsque, par suite
des encouragemens donnés par le Gouvernement, beaucoup de navires allèrent dans ces
mers, presque tous y portèrent plus ou moins
de marchandises, et tout s'y vendit fort bien.
Certes depuis que nous n'y allons plus, ces pays
ne manquent ni de vins, ni de draps, ni d'in-
diennes, etc, que nous y portions; mais ils
reçoivent des vins de Madère ou des Canaries,
des draps et autres tissus anglais ou allemands
que leur portent les navires qui vont chercher
leurs denrées, et qu'il y aurait folie à porter
de France par des navires qui devraient revenir
à lest. Qui pourrait douter qu'avec un com-

merce suivi, nous ne fournissions à tous ces pays un grand nombre d'objets et que nous n'y fissions chaque année de plus fortes importations? Il est évident aussi que nous consommerions beaucoup plus de sucre, s'il coûtait 10 à 15 fr. de moins, et, sans parler de l'augmentation de recette pour l'état, ne serait-ce pas très-avantageux au commerce, et peut-on croire qu'il n'en résulterait pas aussi une plus grande exportation?

On peut encore être persuadé, que si nous avions un commerce libre avec tous les pays, il s'importerait beaucoup plus de denrées et notamment de sucre qu'il n'en faudrait pour notre consommation, et que nous en revendrions à nos voisins. Les Américains le font bien, et certes ils n'ont pas nos avantages, car dès qu'un besoin se ferait sentir quelque part nous pourrions y pourvoir en peu de semaines, avant même qu'on en eût connaissance aux États-Unis. C'est particulièrement à l'approche de l'hiver, que quelquefois on s'apperçoit dans le Nord que les provisions sont insuffisantes; les prix haussent, mais on ne peut tirer de loin à cause des glaces; de France on arriverait à tems. Cela ne peut avoir lieu sous le régime actuel, puisque nos sucres valent 30

p. °/₀ de plus qu'ailleurs. On me dira que nous pourrions avoir des sucres étrangers en entre-pôt; mais on conçoit qu'on peut ne pas aller chercher une denrée qui n'aurait que cet emploi, et que cependant on y irait avec la double chance de vendre à la consommation ou d'exporter. Tel encore, qui n'envoie pas chercher une cargaison pour la faire aller directement dans un port étranger, en ferait venir avec l'intention de la débarquer en France, s'il y avait lieu, ou de faire continuer le voyage au navire pour la Hollande, Hambourg ou la Belgique, si cela paraissait plus avantageux, et de cette manière les Français feraient ce que font souvent les Américains.

C'est surtout la fabrication du sucre raffiné qui pourrait devenir importante. Aujourd'hui le gouvernement alloue à l'exportation du sucre en pain 60 cent. par 1/2 kilog., ce qui est, non seulement la restitution du droit perçu à l'entrée du sucre brut, mais plus de 5o p. cent en sus; il en résulte une perte énorme pour le trésor et cependant cette industrie ne peut jamais devenir bien considérable avec le système actuel, puisqu'elle sera nécessairement bornée, pour l'exportation, aux excédants de nos besoins, et même, du moment que les

sucres de nos colonies haussent un peu , les 60
cent., tout onéreux qu'ils sont, ne suffisent plus.
Avec le commerce libre, et parconséquent les
sucres au plus bas prix possible, on pourrait,
sans sacrifice du gouvernement, soutenir la concurrence de n'importe quel pays, et en raffinant
pour la France beaucoup plus qu'aujourd'hui.
Puisque la consommation serait beaucoup plus
grande, on pourrait encore raffiner pour l'exportation tout ce qui pourrait être demandé
sans être limité par les sucres bruts, qui ne
manqueraient jamais.

Il est aussi beaucoup d'articles dont on ne
peut pas tirer des cargaisons entières, soit parce
qu'on n'en emploie pas d'aussi grandes quantités,
soit parce qu'il faudrait de trop grands capitaux.
Avec un commerce libre on mettrait une quan-
tité plus ou moins grande de ces articles, et on
complèterait la cargaison en autres denrées et
notamment en sucre; mais on ne le peut pas et il
en résulte qu'on tire de Londres ou des Etats-
Unis, malgré la différence du droit, parce que
l'économie qu'a eu l'étranger dans le fret, au
moyen de l'assortiment de la cargaison, lui
permet de payer l'excédant de droit. Tel est le
cas avec l'indigo, avec le thé et presque avec
le coton du Brésil. Ce dernier article qu'on

pourrait tirer du Brésil avec avantage si on pouvait prendre un lest en sucre, dont le fret serait en déduction de celui du coton, revient trop cher, devant supporter la totalité; et on tire de préférence celui des Etats-Unis, qui nous vient par navires Américains. Il est vrai que celui du Brésil, on ne sait pourquoi, paye beaucoup plus de droits, comme longues soies, quoiqu'il ne se vende pas plus cher. En élevant les droits sur l'indigo et le thé étrangers on arrivera sans doute à n'en recevoir que par navires français; mais ces importations se borneront à notre consommation tant que, faute de pouvoir faire des changemens convenablement assortis, nous ne pourrons avoir le fret au même taux que les autres nations.

Il n'est pas jusqu'au commerce de la mer du Sud qui prendrait beaucoup plus d'accroissement, si nos navires, après avoir vendu leurs marchandises en Amérique, pouvaient, en revenant, prendre des cargaisons à leur choix, soit au Brésil, soit dans l'Est; mais ne pouvant rien rapporter il faut que ce que nous portons paye tout le fret, et d'autres nations, qui peuvent faire d'autres combinaisons, donnent naturellement leurs marchandises à meilleur marché, et nous sommes réduits à ce que nous produisons exclusivement.

Ce serait surtout en cas de guerre qu'on trouverait la différence d'avoir remplacé le système actuel par un commerce libre. Non seulement on ne se trouverait pas dépourvu de provisions, comme ce serait nécessairement le cas aujourd'hui, puisque nos colonies ne fournissent pas au-delà de nos besoins annuels; mais ce qui est beaucoup plus important, au lieu d'avoir tous nos navires réunis dans trois points, où ils seraient probablement tous pris, ils se trouveraient disséminés dans le monde entier et le plus grand nombre, sans doute, échapperait ou serait à l'abri et pourrait être vendu. Toutes nos relations ne seraient pas non plus interrompues à la fois; suivant la force plus ou moins grande de notre marine, nous pourrions les continuer sous notre pavillon ou par navires neutres.

Avec le système actuel il est facile à des compagnies d'augmenter le prix du sucre de 25 p. %, en achetant tous ou presque tous ceux de nos colonies, puisqu'on ne pourrait en faire entrer d'autres qu'à des droits qui en porteraient le prix plus haut encore. Cette possibilité est certainement un mal, elle n'existe plus avec le commerce libre, puisqu'on serait en concurrence avec tous les sucres du Globe.

Aujourd'hui les marchandises venues par navires étrangers passent en transit en France
pour se rendre dans des pays étrangers qui
l'avoisinent. On a raison de le permettre,
puisque nous ne pouvons pas offrir à ces voisins
des marchandises au même prix, et que dès-
lors, si nous défendions le transit, ils tireraient
par d'autres voies, quoique plus coûteuses; mais
dont la différence de dépense serait moindre
que celle de nos prix.

Mais si, au moyen d'un commerce libre,
nous apportions par nos navires toutes espèces
de marchandises au même prix que les étrangers, nous pourrions, et je crois pouvoir dire,
nous devrions ne permettre le transit qu'à
celles importées par nos navires, car il n'y a
aucune raison que nous fassions partager aux
autres nations un avantage qui nous est par-
ticulier, et il n'y aurait aucune crainte à avoir,
que nos voisins choisissent d'autres voies plus
onéreuses, si nous pouvions leur vendre au
même prix que les autres, condition que je
mets à la restriction.

J'entends quelquefois dire, que si nous
achetions partout nous produirions du ren-
cher; on oublie que d'autres achèteraient dans
nos colonies qui n'y achètent pas aujourd'hui,

et qu'ainsi la demande générale serait la même, sauf ce que nous consommerions de plus par suite du bas prix ; mais l'augmentation ne serait que graduelle et la production ne resterait pas en arrière.

Ne doit-on pas aussi considérer l'état plus ou moins précaire des colonies en général, l'effet des lois contre la traite, l'esprit actuel des nègres ? Or, est-il prudent de négliger tous les autres rapports ? Il sera toujours tems, dira-t-on, peut-être, de suivre une autre marche quand il y aura nécessité de le faire. Non, il ne sera pas tems. D'autres nations auront formé des liaisons ; auront appris à manufacturer suivant les goûts des peuples ; des traités de commerce avantageux auront été conclus. Disons plutôt que si on abolissait le système actuel, et que l'expérience le fit regretter, il serait toujours facile de le rétablir, puisque les colonies seraient toujours à nous.

Je crois avoir démontré que notre commerce aurait immensément à gagner à un commerce libre ; j'ai indiqué les avantages qui m'ont le plus frappé ; mais qui pourrait se flatter de les apprécier tous ? Qui pourrait se faire une juste idée du parti qu'une nation, comme la nation française, saurait tirer de relations sans entraves avec le Monde entier? Et cependant, au commerce de l'Univers, susceptible d'un immense accroissement, ne fut-ce que par l'augmentation des populations (sans parler de l'accroissement des richesses), on a pu préférer jusqu'à ce jour le commerce de trois colonies, dont la chance la plus belle est de rester ce qu'elles sont aujourd'hui! Il viendra un jour qu'on ne le croira pas!

Mais, dira-t-on, pourquoi presque toutes les Chambres de commerce ont-elles toujours demandé la continuation du système colonial? C'est que les Membres de ces chambres, font généralement le commerce des colonies, et qu'avec la meilleure foi du monde, on est enclin à trouver le mieux, ce qui est dans notre intérêt et ce qui nous est le plus familier. Et comment, dira-t-on encore, les chambres sont-elles principalement composées d'armateurs pour les colonies? c'est que ce commerce a été long-tems le seul et est encore le principal, et qu'alors il a dû fournir les négocians les plus marquans; et comme les chambres, du moins dans beaucoup de villes, élisent elles-mêmes leurs Membres, il est assez naturel que le choix tombe sur des personnes ayant les mêmes opinions.

S'il était possible d'avoir l'avis des négocians français individuellement, il serait sans doute fort différent de celui des chambres de commerce.

J'ai insisté sur un droit unique, par navires français, pourvu que la denrée provint de l'endroit de production, parce que je pense que toute différence est non seulement inutile, mais encore qu'elle ne peut que donner lieu à de fausses opérations.

Qu'à la paix, le Gouvernement ait mis de moindres droits sur les importations plus lointaines, cela pouvait être fort raisonnable pour encourager les armateurs à se familiariser avec ces longs voyages ; mais aujourd'hui toutes les routes sont connues, et il faut laisser à l'intérêt à faire suivre telle ou telle. Sans doute, il est à désirer qu'on fasse de longues navigations, mais il faut qu'elles se payent ; les faire pour rien est une vaine gloriole, et cependant c'est ce que peuvent, je devrais dire, c'est ce que doivent produire les gradations de droits suivant les distances. Un exemple me fera mieux comprendre. Je suppose que le sucre terré vaille au Brésil 30 fr. par quintal et à Manille 31 fr. qualité égale ; que la navigation de Manille coûte 70 fr. de plus par

tonneau soit 3 f. 5o c. par quintal ; eh bien !
comme le droit de Manille est de 5 f. 5o c.
moins élevé que celui du Brésil, on ira à
Manille malgré la plus grande distance, ache-
ter à 3r fr. ce qu'on aurait plus près à 3o,
parce que 1 fr. et 3 f. 5o c. d'excédent de fret,
ne font que 4 f. 5o c. et qu'on économise 5 f.
5o c. de droits. On voit qu'en ce cas, on aurait navigué pour rien du Brésil à Manille et
même perdu 1 fr. ; certes une semblable navigation est une absurdité, quand elle n'a pas
pour but de faire connaître un voyage nouveau. Avec le droit égal, on ne va chercher
la denrée plus loin qu'autant que le prix d'a-
chat est plus bas de toute la différence du fret,
et même de quelque chose de plus pour les
autres frais et la plus grande chance à courir.
Et ordinairement le prix est tel car les autres
nations faisant le même calcul, il n'y a de
demande qu'à ces conditions, à moins que ce
pays n'ait des débouchés pour des contrées
autres que les nôtres qui puissent mettre un
plus haut prix; mais alors il ne nous convient
plus. Sauf cela les prix s'établissent sur ceux
d'Europe en raison des frais de transport et
autres, et sur ce pied c'est une excellente navigation ; mais elle n'a besoin d'aucun encou-

ragement, et au contraire, une prime qui permet de payer un prix plus élevé que celui naturel, ne peut que donner une valeur factice à la denrée aux lieux de production, et changer en mauvais un excellent commerce.

Je me suis plus particulièrement occupé du sucre, parce que c'est l'article le plus important; mais tous mes raisonnemens sont également applicables aux autres denrées.

Il me reste à parler des intérêts de nos colonies. Il est certain qu'elles vendent aujourd'hui leurs denrées plus cher que les autres colonies; conséquemment tout changement de système doit leur paraître désavantageux; elles y perdraient cependant moins qu'on ne le pense au premier aperçu, parce que la concurrence des acheteurs et surtout d'acheteurs placés de manière à pouvoir mettre le plus haut prix et qui seraient obligés de prendre des marchandises en paiement de leurs importations, porterait les denrées à toute leur valeur. Les Américains seraient sans doute les exporteurs principaux, comme ils seraient aussi les importeurs de la plus grande partie des vivres, bois et autres grosseries, et ils pourraient d'autant mieux payer le sucre, qu'ils auraient beaucoup moins de frais de transport en le prenant là, que dans beaucoup d'autres pays, au Brésil, par exemple. Les Européens au contraire n'ont pas sensiblement plus de fret à payer du Brésil que des Antilles, ainsi ils ne peuvent guère payer plus dans nos colonies que dans ce premier pays. Ce serait donc déjà un avantage pour nos colons, de pouvoir vendre à celui, qui par sa position, serait à même de payer le plus haut prix, et c'est en cela que tout système qui empêche ce cours naturel de choses, cause une perte qui ne profite à personne.

J'admets cependant que le colon n'aurait pas un aussi haut prix de son sucre qu'actuellement; mais pour premier dédommagement, il aurait beaucoup d'objets qu'il achète journellement, à beaucoup meilleur marché, et si, comme je le pense, on pouvait, en rendant les ports francs, supprimer toutes les douanes et se borner à quelques commis pour percevoir de modiques droits que personne n'aurait intérêt à frauder, les colons pourraient bien aussi faire entrer ces avantages en ligne de compte.

Ensuite je ne vois pas qu'il fût bien difficile à la France d'indemniser ses colonies du préjudice qu'un changement de système leur

occasionnerait, soit en se chargeant de quelques
dépenses ou impôts aujourd'hui à leur charge,
soit en donnant des fonds effectifs. Beaucoup
de gens, qui du reste, sentent que le commerce
français souffre du système colonial, sont d'avis
de le maintenir pour ne pas nuire aux colonies ;
mais ne vaut-il pas mieux leur allouer une
somme qui, en définitive, ne serait jamais bien
forte ? Je n'examine pas jusqu'à quel point la
France doit rigoureusement ce sacrifice à ses
colonies ; je considère les colons comme mes
compatriotes ; et que ce soit devoir rigoureux
ou non, je désire qu'on les favorise et qu'ils
soient aussi bien qu'actuellement ; mais seulement je veux que la France les avantage de
la manière qui lui convient le mieux ; que si
les colons doivent profiter d'un million, il n'en
coûte qu'un million, et que la France ne se
croie pas obligée pour le leur faire gagner, de
sacrifier tout son commerce, et par là de
souffrir un préjudice qu'on ne pourrait peut-
être évaluer qu'en parlant de centaines de
millions.

En bonifiant aux colons, comme je viens de
le dire, la somme justement nécessaire pour
qu'ils fussent aussi bien qu'actuellement, ils
seraient par le fait beaucoup mieux, car indé-

pendamment des dangers généraux inhérents aux choses forcées, ne doivent-ils pas craindre qu'un jour un nouveau ministère né veuille plus allouer les 6o cent. de prime de sortie sur le sucre raffiné, et qu'on ne restitue que le véritable droit perçu à l'entrée du sucre brut? Un ministère qui aurait cette intention démontrerait sans peine que ce serait déjà beaucoup que de conserver aux colons le monopole de la consommation du sucre en France et qu'on ne peut être obligé de leur assurer, par de nouveaux sacrifices, des prix également élevés sur tout ce qu'ils peuvent produire au-delà des besoins de la France. Or, cette mesure ayant lieu, il est évident que pour peu que nos colonies produisissent plus que la France ne peut consommer aux prix actuels, ce qui doit bientôt arriver par suite des encouragements donnés, il en résulterait une baisse assez forte pour augmenter la consommation ou pour permettre l'exportation. Les colons sont donc menacés, avec le système actuel comme avec le commerce libre, de ne vendre qu'aux prix de l'étranger, avec cette différence, qu'avec le commerce libre, ce serait directement, sans perte de frais d'escale et d'un double fret et doubles assurances, et à celui qui pourrait le

mieux payer; et qu'au contraire, avec le système actuel, si nos prix étaient basés sur l'exportation, le colon n'aurait les prix étrangers
que déduction faite de ces doubles frais, et
cela sans concurrence, et il n'aurait aucun des
dédommagemens du commerce libre.

Tout considéré, il me semble donc que les
colonies aussi doivent désirer le commerce
libre de la manière que je le propose; c'est-à-
dire en les indemnisant. Je ne pense pas que
les sacrifices que la France aurait à faire pour
donner ces indemnités fussent très-considéra-
bles; elle pourrait, tout en gardant les mêmes
forces militaires, si cela lui convenait sous le
rapport politique, probablement beaucoup
diminuer ses autres administrations, et ne fut-
ce que l'abolition des douanes, il y aurait de
grandes économies à faire, à compte des
sacrifices qu'on ferait.

J'ai dit que sans doute les Américains
seraient les plus grands importeurs et exporteurs dans nos colonies; mais alors nous obtien-
drions sans doute que cela put avoir lieu par
nos navires ou les leurs aux mêmes droits d'entrée et de sortie chez eux; ils ont invoqué ce
principe pour les denrées qui s'importent des
Etats-Unis en France, ainsi ils ne pourraient

en refuser l'application pour nos colonies, dès-lors que leurs navires y seraient traités comme les nôtres, car c'est l'objection qu'ils feraient, si aujourd'hui, sans les admettre à extraire nos sucres par leurs navires, on voulait leur en porter par les nôtres. En admettant qu'on obtint cette navigation, ce serait un avantage de plus en faveur de mon projet.

Au résumé, je ne vois donc rien qui doive empêcher de rendre le commerce libre et qui puisse faire croire cette mesure difficile.

Février 1825.

www.ingramcontent.com/pod-product-compliance
Lightning Source LLC
Chambersburg PA
CBHW061754060726
47597CB00007B/2924